Das Rätsel des Geldes

Ein Beitrag zur Deutung der Weltkrise

Von

Kurt von Eichborn

Verlag Duncker & Humblot · München und Leipzig 1932

Alle Rechte vorbehalten

Pierersche Hofbuchdruckerei Stephan Geibel & Co. in Altenburg, Thür.

Vorwort

Die Weltwirtschaftskrise ist die Folge einer grundsätzlichen Verkennung des Wesens des Geldes und kann nur dann richtig gedeutet werden, wenn sie, trotz ihrer bedrängenden Nähe, aus möglichst weiter Ferne, d. h. im Zusammenhang eines großen entwicklungsgeschichtlichen Vorganges, zu sehen versucht wird. Diesen Versuch wagt die vorliegende Schrift; zugleich ist sie notwendige Voraussetzung und Ergänzung der vor kurzem unter dem Titel „Gold oder Geld" veröffentlichten Darstellung einer abstrakten Geldwährung. Eine sofortige Umsetzung der hiermit gewonnenen grundlegenden Erkenntnis über die Richtung des aus der Krise hinausführenden Weges in detaillierte praktische Vorschläge ist nicht ihre Aufgabe, denn jedes Volk wird in besonderer Weise entsprechend seiner geistigen Verfassung und seiner politischen und wirtschaftlichen Lage seinen eigenen Weg gehen müssen.

Breslau, Neujahr 1932

Kurt von Eichborn

In den gewaltigen Störungen, die in dem Wirtschaftsleben aller Kulturvölker seit dem Kriege aufgetreten sind und zu der gegenwärtigen, die Existenz aller dieser Völker auf das ernsteste bedrohenden Wirtschaftskrise geführt haben, spielen die Faktoren Geld, Kredit und Währung eine Hauptrolle. Zugleich sind diese aber selbst hinsichtlich ihres eigenen wirtschaftlichen Charakters durchaus problematisch und Gegenstand eines heftigen, ja leidenschaftlichen Kampfes widerstreitendster Meinungen geworden. Hierdurch kompliziert sich das ohnehin höchst verwirrte Bild der augenblicklichen Weltlage noch mehr und jedes Bemühen um eine richtige Deutung der gegenwärtig sich abspielenden Vorgänge und damit die Erfassung der Möglichkeiten, dem allgemeinen Unheil zu steuern, wird zu einer unlösbaren Aufgabe, wenn nicht zuvor Klarheit geschaffen wird über den Ursprung und den Charakter des gegenwärtigen Übels. Der gerade Weg zu diesem Ziele führt aber über die Erkenntnis des wahren Wesens jenes geheimnisvollen, heute so umstrittenen Dinges „Geld". Denn bei unbefangener und voraussetzungsloser Prüfung dessen, was „Geld" ist und immer nur sein sollte, zeigt es sich, daß das Geld in proteusartiger Vielgestalt und Benutzung in erstaunlich schneller Entwicklung in dem kurzen Zeitabschnitt seit etwa der Mitte des 18. Jahrhunderts eine Art Zwischenreich zwischen der Wirklichkeit und den Menschen errichtet hat, das wie ein dichter Nebel wirkt, der sich in verhängnisvoller Weise über den natürlichen Ablauf der Lebensvorgänge gelegt hat und sie nicht mehr deutlich erkennen läßt. Es gilt also in erster Linie, die wahre Natur des Geldes wieder zu enthüllen und ein für allemal festzustellen.

Das Zusammenleben der Menschen in jeglicher Gemeinschaft höherer Ordnung beruht darauf, daß die Tätigkeit der ihr angehörenden einzelnen Individuen sich in mehr oder minder weitgehender Arbeitsteilung so abspielt, daß die Leistungen der einzelnen Menschen ganz verschiedenartig sind, insgesamt aber dazu dienen (oder dienen sollten!), die verschiedenen Bedürfnisse der Gesamtheit zu befriedigen. Es ist klar, daß in einer so differenzierten, umfänglichen und hochtechnisierten Gemeinschaft, wie sie eine staatlich geordnete Volkheit in der Gegenwart darstellt, der Austausch der täglich in ihr bewirkten, unendlich vielfältigen Leistungen nicht in direktem Verkehr von Individuum zu Individuum bewirkt werden kann. Um eine reibungslose, schnelle und jederzeit mögliche Befriedigung des allgemeinen Austauschbedürfnisses zu gewährleisten, bedarf es eines Hilfsmittels. Dieses Hilfsmittel in höchst vollendeter Art darzubieten, ist die einzige Aufgabe des Geldes.

Hieraus ergeben sich eine Reihe bestimmter Folgerungen für das Wesen und die Erscheinungsform des Geldes. Das Geld ist nur ein **Hilfsmittel wirtschaftlichen Verkehrs**. Es hat also eine rein funktionelle Bedeutung und ist selbst kein wirtschaftlicher Wert irgendwelcher Art, sondern etwas ganz anderes, nämlich ein Recht, und zwar ein Bezugsrecht auf irgendwelche Leistungen der vorerwähnten Gemeinschaft[1]. Denn der einfache und ursprüngliche Sinn des Geldverkehrs ist der, daß derjenige, der eine Leistung vollbracht hat und sie gegen irgendeine oder mehrere Leistungen von anderer Seite austauschen will, entweder gegen Abgabe des Erzeugnisses seiner Leistung oder, wenn diese in persönlichem Dienst (Hand- oder Kopfarbeit) bestanden hat, gegen Ausübung dieses Dienstes in der Form von Geld eine Bescheinigung über seine eigene Leistung erhält. Sein in dem ihm ausgehändigten Geld offensichtlich gewordenes und öffentlich anerkanntes Bezugsrecht auf von anderer Seite bewirkte Leistungen kann er in beliebiger Weise vermittels der Hingabe des ihm zugeteilten Geldes gegen fremde Leistungen irgendwelcher Art ausüben; im allgemeinen Verkehr heißt es Kauf. Indem er dies tut, vollzieht sich volkswirtschaftlich ein hochbedeutsamer zweiseitiger Vorgang. Während der Besitzer des Geldes auf diese Weise den von ihm gewünschten Gegenwert seiner eigenen Leistung erhält, geht zugleich sein aus seiner eigenen Vorleistung herstammendes Leistungsbezugsrecht unter und auf die Stellen über, die ihn durch Hingabe ihrer Leistungen befriedigen und nun ihrerseits durch das von ihm dafür erhaltene Geld Ansprüche auf die Leistungen wieder anderer Mitglieder der gemeinschaftlichen Volkswirtschaft erwerben.

Aus dieser Abfolge der einzelnen Vorgänge beim Geldverkehr ergibt sich ganz eindeutig, daß das Geld nur Träger eines abstrakten Rechtes ist, das in Hinsicht auf ganz verschiedene Objekte — Waren und Dienste — und ganz nach dem individuellen Belieben seines jeweiligen

---

[1] Vergleiche Lansburgh (Argentarius, Briefe eines Bankdirektors an seinen Sohn, „Das Wesen des Geldes", Berlin 1923), von dessen Auffassung der Verfasser im übrigen in wesentlichen Punkten abweicht.

Inhabers ausgeübt wird und vorübergehend und ewig wechselnd die Übertragung verschiedenster Leistungsbezugsrechte bewirkt. Und ferner ergibt sich, daß es, um das Geld in den Stand zu setzen, diesen seinen Zweck zu erfüllen, vollkommen genügt, wenn das Geld in eine abstrakte Recheneinheit (zum Beispiel 1 Reichsmark = 100 Reichspfennige) eingeteilt und in verschiedenen Größen dieser Recheneinheit dem Verkehr zur Verfügung gestellt wird. Irgendeines eigenen Materialwertes, zum Beispiel durch Ausgabe in der Form von Metallgeld oder durch Bestellung einer Sicherheit in Gold oder einem anderen Metall oder sonstigen Waren und Gütern bedarf das Geld an und für sich nicht. Denn es hat immer nur einen subjektiven, nämlich von seinem jeweiligen Inhaber aus bestimmten Wert, der ganz davon abhängt, wie es von diesem verwandt wird. Gegenüber den Gegenständen des alltäglichen Gebrauches wird dieser materiell ewig unbestimmte, schwankende Wert des Geldes meist nicht kenntlich. Wie ist es aber zum Beispiel, wenn bei einer Auktion für einen Gegenstand verschiedene Höchstpreise geboten werden? Dann wird es sofort offensichtlich, daß die Recheneinheit des Geldes für die verschiedenen Bieter in Bezug auf den angebotenen Gegenstand einen ganz verschiedenen Wert hat. Der Grund ist sehr einfach. Jeder irdische Wert, verkörpere er sich in einer persönlichen Dienstleistung oder in einem Rohstoff oder in einem technischen oder künstlerischen Produkt, wird zu allen Zeiten bestimmt durch eine von zeitlichen und lokalen Umständen bedingte, wandelnde Wertung. Das Verhältnis von Angebot und Nachfrage spielt hierbei gewiß eine Hauptrolle, aber letzthin entscheiden über die Höhe der Wertung persönlich-individuelle Antriebe. Wäre es anders, so würde, um bei dem Beispiel der Auktion zu bleiben, der objektiv Kaufkräftigste Höchstbieter werden müssen, während es offenkundig doch immer nur der subjektiv Kaufwilligste wird und es ein besonderer Fall ist, wenn sich beide in ein und derselben Person vereinigen.

Der Wert des Geldes wird also von seinem Inhaber und nur in Bezug auf ihn selbst bestimmt. Ganz besonders deutlich wird dies an einem Vorgang, bei dem mit Vorliebe von einem eigenen Werte des Geldes gesprochen wird, dann nämlich, wenn durch autoritäre Maßnahmen für Güter einer bestimmten Menge und Qualität zwangsläufig ein bestimmter Wert (Preis) in Gestalt einer bestimmten Anzahl Recheneinheiten des gerade geltenden Geldes vom Staate festgesetzt wird. Aber auch in diesem Falle wird damit dem Gelde selbst kein Wert beigemessen. Es sieht nur so aus, als ob dies der Fall wäre, denn in

Wirklichkeit geschieht etwas ganz anderes. Jene Wert- (Preis-) Festsetzung durch den Staat greift in doppelter Weise beschränkend in die rechtlichen Beziehungen des wirtschaftlichen Verkehrs ein. Der Verkäufer muß hinfort seine Leistung gegen eine bestimmte Summe Geldes der Volkswirtschaft abliefern, kann also nicht mehr frei über den Verkaufspreis seiner Leistung bestimmen. Dem Käufer wird andererseits die Freiheit genommen, in Zukunft selbst bestimmen zu können, wieviel er von seinem Geld auf Erwerb der wertbestimmten Güter verwenden will. Der falsche Eindruck, als ob mit einer zwangsweisen Preisfestsetzung irgendwelcher Art ein bestimmter Wert des Geldes selbst festgesetzt sei, kommt also nur daher, daß infolge der restlos durchgeführten Umwandlung des wirtschaftlichen Verkehrs in die Form von Geldverkehr die Menschen immer mehr in Geld statt in den realen Vorgängen des wirtschaftlichen Verkehrs zu denken sich gewöhnt haben.

Trotz dieses ganz klaren Sachverhalts hat man den Recheneinheiten des Geldes einen Anspruch auf eine bestimmte Gütermenge, kurz einen eigenen, dauernden und ewig gleichbleibenden Wert sichern wollen. In diesem Bestreben, das ein unmögliches Ziel verfolgt, da es feststehende materielle Werte irgendwelcher Art überhaupt nicht gibt und niemals geben wird, liegt der Ursprung aller Währungen, die für die Ausgabe von Geld die Bestellung irgendeiner Sicherheit zur Voraussetzung machen. Die zweifellos vollendetste Form dieser Art Währungen stellt die Goldwährung dar, wobei hier auf ihre verschiedenen Arten nicht eingegangen werden soll, aber auch nicht eingegangen zu werden braucht. Und noch ein zweiter Grund hat zu der Einführung von gedeckten Währungen, die weiterhin hier nur in ihrem hervorragendsten Vertreter, der Goldwährung, behandelt werden sollen, Veranlassung gegeben. Die Begrenzung der Höhe der Geldausgabe durch einen vorhandenen Goldbestand soll einer hemmungslosen und damit inflationistisch wirkenden Geldvermehrung einen Riegel vorschieben. Daß eine derartige Maßnahme schon deshalb zu verwerfen ist, weil sie der lebendigen Wirklichkeit gegenüber nicht organisch wirkt, sondern nur mechanisch wirken kann, möge einstweilen nur vorläufig festgestellt werden, da sie später noch in einem anderen Zusammenhange behandelt werden muß. An dieser Stelle ist zunächst noch etwas zu dem Bestreben zu sagen, dem Gelde einen eigenen und bleibenden Wert zu verleihen.

Wie gewagt der Gedanke ist, dem Gelde einen bestimmten Güteranspruch zu sichern, erweist klar das bereits mehrfach erwähnte Beispiel der Preisgestaltung bei Versteigerungen. Hier hat in den Händen der einzelnen Bieter selbst ein durch Gold voll gedecktes Geld gegenüber dem Objekte, das zur Versteigerung steht, einen ganz verschiedenen, nämlich rein subjektiv bestimmten Wert. Angesichts dieses Tatbestandes muß das Bestreben, dem Gelde einen eigenen bleibenden Wert zu sichern, das noch allgemein in der Wirtschaft sowohl wie in der Wissenschaft vorherrscht und damit begründet wird, daß die Güter der Weltwirtschaft einen vermittels der Gold- oder einer, neuerdings propagierten, Indexwährung stabilisierten Preis haben müssen, weil ohne eine solche Preisstabilisierung der Güterverkehr zu großen Gefahren ausgesetzt sei, einen tieferen Grund haben. In der Tat kommen in diesem Bestreben zwei große Entwicklungsströme zum Ausdruck, die parallel nebeneinander hergehen und aus gleicher Quelle stammen.

Die eine Bewegung ist die im Laufe der letzten fünf bis sechs Jahrhunderte, besonders beschleunigt aber seit etwa 100 Jahren, in Verbindung mit der Entwicklung der Technik, immer stärker gewordene Loslösung aus statischen äußeren Lebensverhältnissen. Sie hat sich geäußert in der Auflösung der vordem streng gebundenen Betriebsformen der Volkswirtschaft, begründet durch die immer weiter getriebene Arbeitsteilung, und verbunden mit der zunehmenden Verknüpfung der Vorgänge in der heimischen Volkswirtschaft mit denen der Weltwirtschaft.

Der zweite Entwicklungsstrom ist gewissermaßen eine Folge des ersten. Indem nämlich die Vorgänge des wirtschaftlichen Lebens auf die vorgenannte Art künstlicher, labiler und damit auch unsicherer wurden, wuchs ganz natürlich das Verlangen nach Mitteln, dieser zunehmenden Unsicherheit zu begegnen. Auf diese Weise begann schon in der zweiten Hälfte des 19. Jahrhunderts ein Bestreben, den einzelnen Menschen in seinem äußeren Dasein durch Einrichtungen der verschiedensten Art gegen alle möglichen Wechselfälle des Lebens zu sichern. Von hier aus betrachtet gliedert sich der Wunsch, dem Gelde einen eigenen Dauerwert zu verleihen, logisch und, wie sich jetzt zeigt, ganz selbstverständlich in jenes andere Bestreben ein, das Leben des einzelnen Menschen in möglichst weitgehendem Maße gegen alle drohenden Gefahren zu sichern.

Aus diesem Zusammenhange wird klar, daß bei der Goldwährung ein Faktor mitspricht, der an und für sich mit dem Wesen des Geldes nichts zu tun hat, ja, seinen Charakter vollkommen fälscht. Das Geld hat nicht eine solche Sicherungsaufgabe zu lösen, wie sie ihm in der Goldwährung zugewiesen wird. Wie große Gefahren der Sicherungsversuch, den die Goldwährung gemacht hat, über die gesamte Weltwirtschaft gebracht hat, wird später noch behandelt werden. An dieser Stelle genügt es zunächst, klar herauszustellen, daß das Geld als Hilfsmittel des Verkehrs unbedingt frei gehalten werden muß von einer Verquickung mit einem ihm durchaus wesensfremden Elemente. Verfälscht und entstellt hat das wahre Wesen des Geldes ferner die falsche Art, in der es seit knapp hundert Jahren in immer größerem Umfange zu einem Werkzeuge des Kredits gemacht worden ist. Aber auch hierauf wird erst später eingegangen werden können.

Zunächst gilt es, klarzustellen, wie der Geldverkehr, insbesondere die Ausgabe und die Regelung der Umlaufshöhe, geordnet werden muß, mit anderen Worten, wie die Ausgabe des Geldes der Nachfrage der Volkswirtschaft nach Geld angepaßt werden muß. Denn hier ruhen allerdings außerordentliche Gefahren. Der Hauptnachdruck ist dabei auf das Wort „Volkswirtschaft" zu legen, denn keinesfalls darf ein irgendwie geartetes Einzelinteresse maßgebend sein. Dies wird sofort klar werden, wenn die Rolle, die das Geld in den Händen seiner einzelnen Empfänger spielt, volkswirtschaftlich geprüft wird. Es sind hierbei zwei Verwendungsarten scharf zu unterscheiden, die volkswirtschaftlich wie privatwirtschaftlich eine außerordentliche Bedeutung haben und nicht streng genug auseinandergehalten werden können, wenn nicht der Geldverkehr in einem Lande in die größten Gefahren geraten soll.

Der größte Teil des Geldes wird von seinen Empfängern in irgendeiner Form für sofortigen Konsum in Anspruch genommen, sei es durch Verzehr, persönliche Dienstinanspruchnahme, Befriedigung flüchtiger Bedürfnisse, kurz, durch den Erwerb flüchtiger Werte. Es ist klar, daß in allen diesen Fällen die Wirkung der von dem Geldempfänger vor Empfang des Geldes bewirkten Leistung in bezug auf ihn sofort untergeht. Er hat nicht nur durch die Weitergabe des Geldes sein Bezugsrecht auf Leistungen der Volkswirtschaft vollkommen ausgeübt, sondern er hat auch die Ausübung in einer Form vorgenommen, daß ihm aus seiner eigenen Leistung kein Wert mehr übriggeblieben ist. Hat der ursprüngliche Empfänger des Geldes aber einen Teil davon zum Erwerbe einer fremden Leistung verwandt, die nicht in einem flüchtigen Wert bestand, sondern in irgendeinem dauernderen Werte auskristallisiert war, so hat er Eigentum in irgendeiner Gestalt (Hausrat oder ein Haus zum Beispiel) erworben und sich damit den Wert seiner eigenen Leistung zunächst mehr oder minder erhalten. Aber dieser Wert hat keinen Geldcharakter mehr. Der Anspruch auf fremde Leistung, der dem Empfänger des Geldes bei seinem Empfang in diesem übermittelt war, ist ebenso, wie in dem ersteren Falle der Verwendung des Geldes zu sofortigem Verbrauch, untergegangen. Dies wird in der allgemeinen Auffassung nicht genügend beachtet und hierin ruht der Grund für so viele irrtümliche Auffassungen über das Wesen des Geldes und die Voraussetzungen einer richtigen Geldschöpfung. Alle in persönliches Eigentum übergegangenen Gegenstände sind wie in der primitivsten Volkswirtschaft im eminenten Sinne reine Tauschgüter geworden. In ihnen ist die ursprüngliche Leistung des Erwerbers, die ihm ein Forderungsrecht auf irgendwelche fremde Leistungen der Volkswirtschaft gab, untergegangen. Der Eigentümer kann sein Eigentum nur dann wieder in andere Werte tauschen oder verkaufen, wenn er einen ganz bestimmten tauschbereiten Partner oder einen bestimmten Käufer findet, der es von ihm erwerben will. Dieser klare Tatbestand wird meistens nur dadurch verschleiert, daß bei einer Veräußerung von Eigentumswerten der Hingebende von dem Empfänger nicht einen anderen Eigentumswert, sondern Geld empfängt. Hier zeigt sich ganz deutlich, wie sich das Geld als ein Zwischenreich zwischen die Wirklichkeit und die Menschen geschoben hat. Denn es ist nur zu oft aus diesen sich tagtäglich abspielenden Vorgängen gefolgert worden, daß es unbedenklich ist, wenn ein Staat auf Grund bestehender Eigentumswerte irgendwelcher Art Geldzeichen ausgibt und damit seinerseits dem, der die Eigentumswerte hingibt, in der Gestalt von Geld Bezugsrechte auf andere Güter der Volkswirtschaft aushändigt. Der Irrtum, der hierbei entsteht, ist folgender: Derjenige, der seine Eigentumswerte hingibt, hat keinen unbedingten Anspruch mehr auf andere Güter der Volkswirtschaft, denn er hat keine neue Leistung vollbracht; er kann nur dann seine Eigentumswerte in andere Werte und Güter tauschen, wenn er eine ganz bestimmte Persönlichkeit findet, die bereit ist, die Ansprüche auf Güter, die sie auf Grund vorangegangener Leistung in der Form von Geld erhalten hat, unter Hingabe dieses Geldes auf ihn zu übertragen und ihm damit ein neues Bezugsrecht einzuräumen. Es ist dies ein privatwirtschaftlicher Vorgang, während die Ausgabe von Geld durch den Staat ein volkswirtschaftlicher Vorgang ist. Würde der Staat dem Eigentümer eines Hauses gegen dessen Verpfändung oder Überlassung neu geschaffene Geldzeichen geben, so würden diese Geldzeichen in der Hand des Empfängers, der, wie oben bereits ausgeführt, keine neue Leistung gegenüber der Volkswirtschaft vollbracht hat, trotzdem gegenüber dem Gesamtbestande an Gütern in der Volkswirtschaft Kaufkraft erlangen und, da der vermehrten Nachfrage, die in der Kaufkraft liegt, eine Vermehrung des Angebots nicht gegenübersteht, die Preise der vorhandenen Güter steigern (Inflation). Die Klarstellung, die hiermit gewonnen ist, ist unbedingt notwendig, um die Voraussetzungen bestimmen zu können, an die der Staat bei der Ausgabe neuer Geldzeichen unabänderlich gebunden ist. Die gleiche Wirkung, wie sie sich bei einer Ausgabe von neuen Geldzeichen in dem vorbezeichneten Falle einstellt, wird nämlich unfehlbar auch dann eintreten, wenn jemand vom Staate neu geschaffene Geldzeichen gegen irgendeine Leistung, sei es, daß sie sich in einem persönlichen Dienste oder der Herstellung eines Produkts offenbart, erhält, bevor diese in den Kreislauf der Wirtschaft aufgenommen worden ist. Unterbleibt die Aufnahme, so hat seine Leistung eine Wirkung für die Volkswirtschaft nicht gehabt. Sie ist für diese wertlos, denn sie hat keine neuen Güter der Volkswirtschaft geschaffen und kann infolgedessen für ihn auch kein Bezugsrecht auf andere Güter der Volkswirtschaft bewirken.

Die erste Voraussetzung für eine richtige Ausgabe vom Staate neu geschaffener Geldzeichen ist daher, daß diese Ausgabe nur erfolgen darf gegen irgendwelche Leistungen, die von irgendjemandem neu bewirkt und von der Volkswirtschaft aufgenommen worden sind.

Eine zweite Voraussetzung für eine richtige Ausgabe von Geld ergibt sich aus folgender Überlegung: Der größte Teil der in einer Volkswirtschaft bewirkten Leistungen schafft Werte — persönliche Dienste oder Güter —, die sofortigem oder mehr oder minder schnellem Verbrauch unterliegen. Es ist daher notwendig, für einen ständigen Rückfluß der neu ausgegebenen Geldzeichen an die Ausgabestelle zu sorgen, weil sich sonst unweigerlich mehr Geld, das heißt Bezugsrechte auf Leistungen, im Verkehr anhäufen würden, als Güter in der Volkswirtschaft vorhanden sind. Da das Geld von Hand zu Hand geht, sich also dauernd von der ursprünglichen Leistung des ersten Empfängers löst und dann immer wechselnd auf andere Leistungen überträgt, muß Vorsorge getroffen werden, daß nach einer gewissen Frist vom Tage der Ausgabe der neuen Geldzeichen an, innerhalb der die ursprüngliche Leistung des ersten Empfängers oder deren Produkt als untergegangen angenommen werden kann, eine gleichhohe Summe von Geldzeichen wieder an die Ausgabestelle zurückfließt. Da aber die Existenzdauer der der Geldausgabe zugrunde liegenden Leistung nicht mit Sicherheit bestimmt, also jeweils ganz bestimmt befristetes Geld nicht ausgegeben werden kann, bleibt nur die einzige Möglichkeit, die Geldausgabe so zu regeln, daß innerhalb kürzerer Zeit der Rückfluß einer entsprechend gleichen Summe Geldes sichergestellt ist. An dieser Stelle wird es ganz klar, daß jeder Versuch, dem Gelde einen eigenen und insbesondere einen dauernden Wert zu verleihen, scheitern muß, denn er steht im Widerspruch mit den Gesetzen des organischen Lebens. Alle Vorgänge des wirtschaftlichen Lebens zeigen nicht anders, wie das Leben selbst, neben einer fortdauernden Neu-Erzeugung eine fortlaufende Vernichtung. Infolgedessen muß auch das Geld, das nur ein Glied in der Kette der wirtschaftlichen Vorgänge ist, dem gleichen Gesetze unterworfen werden, das heißt, die Ausgabe des Geldes wird nur dann sinnvoll und zweckmäßig geregelt sein, wenn sie neben fortlaufender Geldschöpfung eine fortlaufende Geldvernichtung in sich schließt. Dies ist der ausschlaggebende Grund, aus dem jeder Versuch, dem ausgegebenen Gelde einen eigenen, dauernden Wert zu verleihen, wie dies zum Beispiel die Goldwährung erstrebt, durchaus abzulehnen ist.

Die beiden soeben gekennzeichneten Voraussetzungen für eine richtige Ausgabe von neuen Geldzeichen durch den Staat, kurz gesagt für Geldschöpfung durch den Staat, werden dagegen zum Beispiel voll erfüllt, wenn die Ausgabe von Geld gegen die Einreichung von Warenwechseln durch eine von dem Staate mit der Ausgabe des Staatsgeldes beauftragte Bank vorgenommen wird. Aber auch hierbei muß in jedem einzelnen Falle genau darauf geachtet werden, was für volkswirtschaftliche Vorgänge dem einzelnen Wechsel zugrunde liegen. Es dürfen nämlich nur solche Wechsel zur Grundlage von Geldschöpfung gemacht werden, die entstanden sind auf Grund von zum Konsum bestimmten Gütern der Volkswirtschaft, die neu hergestellt und von der Volkswirtschaft als solche angenommen worden sind. Die einzelnen Vorbedingungen hierfür sind in der Schrift des Verfassers „Gold oder Geld?" eingehend geschildert, so daß sich hier ein näheres Eingehen darauf erübrigt. Ebenda ist dargestellt, wie eine dem Wesen des Geldes gerecht werdende, also abstrakte Währung beschaffen sein müßte und wie sie in die Verhältnisse der deutschen Volkswirtschaft einzugliedern wäre[1]. Sind die notwendigen Vorbedingungen für eine richtige Ausgabe von Geld nicht erfüllt, so wird in jedem Falle die Ausgabe von Geld durch den Staat etwas ganz anderes als Geldschöpfung, nämlich Geldleihe, das

---

[1] Eine Festsetzung des Paris der Währung, wie sie daselbst noch (Seite 5 ff) im Anschluß an die Goldwährung anderer Länder vorgeschlagen wurde, wird hinfällig und entbehrlich in dem Maße, wie auch andere Länder die Goldwährung aufgeben.

heißt Vorschuß auf eine Leistung, hinsichtlich deren es ungewiß ist, ob sie von der Volkswirtschaft tatsächlich angenommen werden wird. Dies trifft zum Beispiel ein, wenn Waren produziert werden, die keinen Käufer finden. Solche Waren verwandeln sich in der Hand des Produzenten, der sie nicht absetzen kann, aber auch in der Hand eines ersten oder zweiten Erwerbers, der sie weder selbst konsumieren noch verkaufen kann, in Eigentum und können, wie oben dargestellt, nur noch privatwirtschaftlich, nicht aber volkswirtschaftlich, wieder in Geld zurückverwandelt werden. Schon hieraus ergibt sich, daß eine Geldschöpfung gegen ein künftiges Leistungsversprechen, also zum Beispiel zur Beschaffung von Betriebskapital für jemanden, der Güter erst herstellen will, schon ganz und gar nicht in Betracht kommen kann. Dies ist die reinste Art der Geldleihe, die in der Form des Kredits in der modernen Wirtschaft einen ganz außerordentlichen Umfang angenommen hat, in dieser Ausdehnung eine verhältnismäßig sehr junge Erscheinung ist und in ihrer gegenwärtigen Verbreitung als der eigentliche, jedenfalls ausschlaggebende Grund aller der Störungen anzusehen ist, die jetzt in der Weltwirtschaft offenbar geworden sind und sie in eine schier unlösliche Krise gestürzt haben. Dies wird am besten aus einem ganz kurzen historischen Rückblick klar werden.

Als die typischsten Träger des Geld- und Kreditwesens sind unbedingt die Banken anzusehen. Es ist daher sehr zu beachten, daß noch vor etwa 150 Jahren, als es Aktienbanken nicht gab, sondern die Geld- und Kreditgeschäfte, abgesehen von einigen Staatsbanken, in den Händen von Privatbankgeschäften lagen, diese meist nur soweit Kredite gewährten, als es ihnen ihr eigenes Vermögen gestattete. Nur sehr zögernd und allmählich haben sie fremde Gelder angenommen und lange Zeit jede Verzinsung dafür abgelehnt![1] Dieser Zustand hat sich im Verlaufe des 19. Jahrhunderts ganz ins Gegenteil verkehrt, bis schließlich der heut bestehende erreicht war, der dahin gekennzeichnet werden muß, daß das Betriebskapital der Banken und bankähnlichen Institute jeweils sich zusammensetzt aus dem eigenen Vermögen und fremden, bei ihnen eingelegten Geldern, die ein Mehrfaches dieses eigenen Vermögens ausmachen. Diese Entwicklung steht ihrerseits in einer ebenso engen wie charakteristischen Verbindung mit einem höchst bedeutsamen Wechsel in den Erscheinungsformen des persönlichen Eigentums, der sich, auch erst seit etwa 100 Jahren, in einer

---

[1] K. v. Eichborn, Das Soll und Haben von Eichborn & Co in 200 Jahren, p. 93 f., 329.

ganz bestimmten Richtung vollzogen und zu ganz neuen Begriffen und Formen von Eigentum geführt hat. Forscht man aber nach den Ursachen dieses Vorganges, so trifft man auch hier wieder auf jenen bereits oben gekennzeichneten großen Entwicklungsstrom, der als seine Grundrichtung immer mehr die Tendenz zu einer ganz umfassenden und allgemeinen Auflösung erkennen läßt. Hinsichtlich des persönlichen Eigentums hat seine Wirkung sich darin geäußert, daß der ursprüngliche, rein individuelle Charakter von Eigentum seit etwa 100 Jahren in vordem gar nicht vorauszusehender Weise insofern eine grundlegende Änderung erfahren hat, als an Stelle des ehedem mehr oder minder starr an bestimmte Gegenstände gebundenen Eigentums ein Eigentum mobilen Charakters in der Form von Wertpapieren aller Art (Pfandbriefe, Aktien, Anteile an Bergwerken oder Gesellschaften mit beschränkter Haftung usw.) getreten ist. Freilich hat sich damit volkswirtschaftlich nichts geändert. Denn ob das Eigentum an einem Hause oder einer Fabrik in dem direkten Besitz des Hauses oder der Fabrik besteht oder in Pfandbriefen, die auf Grund einer auf dem Hause haftenden Hypothek ausgegeben sind, oder in Aktien eines in der Form einer Aktiengesellschaft betriebenen Fabrikunternehmens, ist volkswirtschaftlich ohne Belang. Aber doch hat damit eine Wandlung des Eigentumsbegriffes von so einschneidender und umgestaltender Bedeutung für das Wesen und die Auffassung von Eigentum und Besitz stattgefunden, daß ihr Einfluß gar nicht hoch genug eingeschätzt werden kann.

Die Mobilisierung des Grundbesitzes, gekennzeichnet durch das Aufkommen der Realkreditinstitute mit ihren Pfandbriefausgaben und die Mobilisierung gewerblich industriellen Besitzes durch das Entstehen der Aktiengesellschaften, hat die ursprüngliche, jeweilig ganz direkte und enge Verbundenheit des Eigentümers mit einem ganz bestimmten realen Objekte, sei dies zum Beispiel einem ländlichen Besitze oder irgendeinem gewerblichen Betriebsunternehmen, in die Form eines nur anteiligen und vor allen Dingen gänzlich verantwortungslosen Besitzes (Pfandbriefe, Aktien) vollkommen aufgelöst, und damit das Wesen des persönlichen Eigentums von Grund auf weitgehend geändert. Diese neue Form von Eigentum, die zugleich kennzeichnendster Träger und Ausdruck dessen ist, was „Kapital" und „kapitalistische Wirtschaft" bedeutet, hat mit der zunehmenden Entwicklung des Handels der Wertpapiere an den Börsen immer mehr vergessen lassen, daß es sich bei allem, was den Inhalt von Eigentum ausmacht, im Grunde eben nicht um jederzeit mobilisierbare Werte handelt. Die allgemein in der Zeit liegende Tendenz zur Auflösung kommt also in diesem Teilgebiet des wirtschaftlichen Bezirkes in dem Bestreben zum Ausdruck, Eigentum in eine möglichst freizügige Form zu bringen, und es ist nur ganz logisch, wenn diese Bewegung ihren Gipfel im internationalen Handel von Wertpapieren und besonders noch in der Möglichkeit des gleichzeitigen Handels an verschiedenen Börsen des In- und Auslandes erreicht hat. Denn je umfangreicher, reibungs- und schrankenloser sich dieser Handel in den Zeiten vor dem Weltkriege entfaltet hat, desto mehr hat sich in der allgemeinen Anschauung der tatsächliche Zusammenhang der Dinge verflüchtigt und ist in jenem Nebelschleier des stets wachsenden Geldverkehrs, der sich so immer dichter als ein Zwischenreich zwischen die Menschen und die Wirklichkeit geschoben hat, unsichtbar geworden.

Zugleich ist diese Bewegung teils die Folge, teils aber auch die Voraussetzung eines anderen Vorganges gewesen, der sich gleichzeitig im wirtschaftlichen Geschehen abspielt. Erst ihr Zusammenwirken hat das ganze künstliche Gebilde der Weltwirtschaft heraufgeführt, das jetzt zusammenbricht. Der treibende Motor ist in beiden Fällen der gleiche gewesen: der Kredit, und die beiden Vorgänge sind nur verschiedene Ausdrucksweisen der ihm eigenen Dynamik.

Die zu den Sparkassen und Banken getragenen Gelder, die, wie noch einmal, um der Klarstellung der sich abspielenden Vorgänge willen, wiederholt sei, Leistungsansprüche darstellten, haben bei den Sparkassen und Banken diesen ihren Charakter und damit den Charakter von Geld zum größten Teile binnen kürzester Frist verloren, ohne daß ihre Einleger sich dessen bewußt geworden sind, und ohne daß sie ihre Leistungsansprüche aufgeben wollten. Während nämlich die Einleger der Meinung waren und sind, daß sie jederzeit ihre Gelder von Sparkassen und Banken wieder abholen und ihre Leistungsansprüche nun endgültig durch Erwerb irgendwelcher fremder Leistungen oder Produkte ausüben können, sind ihre Leistungsansprüche bereits mehr oder minder dadurch untergegangen, daß sie sich in irgendwelchen fremden Leistungen niedergeschlagen haben. Denn die Sparkassen und Banken standen und stehen nur vor der Möglichkeit, die Gelder in die Kasse zu legen oder in irgendeiner Weise nutzbar zu machen. Nutzbar gemacht werden können sie aber nur auf zweierlei Weise. Entweder werden für das Geld sofort fremde Leistungen erworben, sei es zum Beispiel in der Gestalt von Grundstücksanteilen auf dem Wege direkter Hypothezierung, oder in der noch verschleierteren Form eines Erwerbs der von Realkreditinstituten ausgegebenen Pfandbriefe, wie dies überwiegend die Sparkassen tun, sei es im Wege einer Beteiligung an wirtschaftlichen Unternehmungen durch den Kauf von Aktien, wie dies hauptsächlich seitens der Banken geschieht. In allen diesen Fällen geht der Leistungsanspruch, der in den den Sparkassen bzw. Banken anvertrauten Geldern enthalten ist, endgültig unter und werden die Einleger, ohne es zu wollen und ohne es zu wissen, ihrer Leistungsansprüche ledig. Oder aber, die Banken verleihen die ihnen anvertrauten Gelder an irgendwelche Unternehmer im Vertrauen darauf, daß diese in der Lage sein werden, für die hingegebenen Gelder ihrerseits entsprechend große Leistungen nachzuliefern. Da diese vorweggenommenen Leistungen sich während der großen industriellen Entwicklung in den Jahrzehnten des ausgehenden 19. und beginnenden 20. Jahrhunderts in sehr erheblichem Umfange in den vielfältigsten Teilen industrieller und gewerblicher Unternehmungen, als da sind Gebäude, Maschinen, Halb- und Fertigfabrikate aller Art usw. niedergeschlagen und nicht den Charakter von reinen Konsumgütern angenommen haben, sind die Geldleiher nicht imstande, die ihnen anvertrauten Gelder, das heißt Leistungsansprüche auf Grund von neu produzierten Konsumgütern den Banken zurückzugeben. Denn diese Gelder haben sich inzwischen in Eigentum verwandelt. Überraschend ist dieser Vorgang nicht. Zu allen Zeiten hat es nur zwei Möglichkeiten des Sparens gegeben. Entweder wurde das Geld in den Erscheinungsformen des Geldes selbst aufgehoben, angefangen von den ursprünglich Geldstelle vertretenden Tauschgütern — waren dies edle Metalle oder die Schalen der Kaurischnecke — bis zu den späteren Geldmünzen; oder das Geld wurde in Vorräten von geschätzten Gebrauchsgütern — man denke an den Linnenschatz der deutschen Hausfrau — angelegt und damit in Eigentum verwandelt. Die moderne Form des Sparens ist also nur ein Beweis mehr dafür, wie der Zusammenhang der realen Wirtschaftstatsachen dadurch verschleiert worden ist, daß — man möchte fast sagen — unter dem Zwange des mehrfach gekennzeichneten Entwicklungsstromes der Auflösung aller statischen Verhältnisse der findige Menschengeist in der Form des Pfandbriefes, der Industrieobligation und der Aktie Mittel gefunden hat, den in starren Eigentumsformen untergegangenen Geldern eine scheinbare Beweglichkeit wiederzugeben.

Diese Gesamtvorgänge, die sich deutlich als reine Kristallisationsformen einer übermäßigen Kreditwirtschaft kennzeichnen, hätten an nnd für sich noch nicht zur Weltwirtschaftskrise zu führen brauchen, wenn sie sich nicht hemmungslos entwickelt, die sonderbarsten Blüten (zum Beispiel die „Absatzfinanzierung", die „unechten" Rembourswechsel) getrieben, und vor allem, wenn sie nicht über die Grenzen der einzelnen nationalen Volkswirtschaften hinausgegriffen, in vielfältigster Weise sich international verflochten und immer mehr übersteigert hätten.

Auch diese Entwicklung hat zunächst ganz allmählich eingesetzt, um dann in der zweiten Hälfte des 19. und besonders im 20. Jahrhundert immer stürmischer zu werden. Zu ihrem Beginn hat die internationale Kreditverflechtung aus einzelnen, ganz direkten Beziehungen zwischen bestimmten einzelnen Banken und einzelnen Kreditnehmern bestanden. Im Zuge der Aufschließung primitiverer Wirtschaftsgebiete sind an deren Stelle internationale Anleihen aller Art getreten und den Gipfel hat diese Entwicklung dann erreicht im schrankenlosen, täglichen internationalen Effekten- und Geldverkehr. Diese letzte Phase der Entwicklung ist ungemein aufschlußreich. Bei näherem Zusehen zeigt sich nämlich, daß sie unmöglich gewesen wäre, wenn nicht die maßgebenden Wirtschaftsländer der Welt allgemein die Goldwährung eingeführt hätten. Denn nur auf dieser Grundlage wurde es möglich, tagtäglich so gut wie ohne jedes Kursrisiko Gelder von einem Lande zum anderen und von einem Kontinent zum anderen zu transferieren und heute hier, morgen dort auszuleihen. Der Kurs war garantiert durch den Goldstandard. Der Goldstandard aber beruhte darauf, daß das Gold einen (freilich nur künstlich) feststehenden Preis in der Welt hatte. Ist also jene Kreditentwicklung ungesund und trügerisch gewesen, so ist damit, wie hier nebenbei bemerkt sei, auch die Goldwährung gerichtet und liegt hierin ein weiterer Grund, der gegen ihre Beibehaltung spricht.

Die übermäßige Kreditentwicklung im binnen- und weltwirtschaftlichen Verkehr hat hier wie dort die gleichen unheilvollen Wirkungen gehabt. Sie hat, kurz gesagt, zu einer allgemeinen Überspannung wirtschaftlicher Tätigkeit, und als besonderem Ausdruck dieser, zu einer übertriebenen Produktion von Gütern aller Art geführt. Wie haben sich denn die Dinge abgespielt? Für die Errichtung neuer Produktionsstätten ist die Prüfung der Absatzfrage in der Regel meist nicht in direkter, sondern indirekter Weise erfolgt. Der Hauptantrieb ist eigentlich immer davon ausgegangen, billiger als die bisherigen Arbeitsstätten produzieren zu können, und auf diesem Wege hat es unter der Ein- und Mitwirkung der ständig fortschreitenden Technik keinen Augenblick des Stillstandes gegeben. Die plötzlich eintretende gewaltsame gegenseitige Abschließung der großen Volkswirtschaften durch den Krieg und die hierdurch in diesen Ländern teilweise hervorgerufene Schaffung von weiteren neuen Produktionsstätten auf Grund der Anforderungen der Kriegsmittelindustrie und der Bedürfnisse der gesamten Kriegswirtschaft sowie die nach dem Kriege mit großer Wucht einsetzenden „nationalen" Industrialisierungen in den neu geschaffenen staatlichen und damit neu abgegrenzten volkswirtschaftlichen Einheiten hat zu einer weiteren Entwertung, ja wirtschaftlichen Vernichtung zahlloser älterer Produktionsstätten und zugleich zu einer vermehrten Produktion von Konsumgütern, besonders von Rohstoffen, geführt. Besonders kennzeichnend ist die Entwicklung der landwirtschaftlichen Produktion, der in außereuropäischen Kontinenten mit Hilfe der Technik Riesenflächen neu erschlossen worden sind. Durch diese Entwertung einer übermäßig großen Anzahl älterer Produktionsstätten sowie ganzer Zweige volkswirtschaftlicher Produktion, zum Beispiel der agrarischen Produktion in großen Teilen Europas, ist eine außerordentliche Kapitalvernichtung in der Welt eingetreten. Diese Entwicklung ist wesentlich verschärft worden in allen den Ländern, die infolge des Krieges zu Tributzahlungen gezwungen worden sind. Durch diese wurden in großem Umfange von einer Volkswirtschaft auf eine andere Volkswirtschaft in der Form von Geldzahlungen Leistungsansprüche übertragen, ohne daß die Gegenseite ihrerseits die geringste volkswirtschaftliche Leistung vollbracht hatte. Dies hat zur Folge gehabt, daß in dem gleichen Ausmaße, wie derartige Geldzahlungen geleistet wurden, innerhalb der Volkswirtschaften der tributpflichtigen Länder Leistungen vernichtet wurden, weil sie, ohne eine Gegenleistung dafür zu empfangen, hingegeben werden mußten. Aber auch den Ländern, denen diese Leistungen der Tributvölker zugeflossen sind, ist kein Segen erwachsen. Die Tribute haben nur dazu beigetragen, die vorstehend gekennzeichnete Entwicklung in den Empfangsländern zu beschleunigen, indem sie für diese eine zusätzliche Gütervermehrung bedeutet und damit notgedrungenerweise die eigenen Leistungen entwertet, das heißt die Preise der von ihren eigenen Volkswirtschaften geschaffenen Güter auf die Dauer unabwendbar gesenkt haben. Hierin zeigt sich offenkundig, daß keine Volkswirtschaft es vertragen kann, wenn in irgendeiner Weise von der Geldseite her das Leistungsprinzip nicht gewahrt wird.

Infolgedessen war es seit längerer Zeit schon mit Bestimmtheit vorauszusehen und wahrlich kein Wunder, daß der Versuch, die vorstehend gekennzeichnete Entwicklung plötzlich wieder rückgängig zu machen, scheitern mußte. Denn genau in dem Augenblick, in dem diejenigen Länder, die anderen Ländern im Wege des Kredits Gelder geliehen hatten, diese zurückziehen wollten, stellte es sich heraus, daß diese Gelder eben nicht mehr vorhanden waren, da sie entweder zur Einfuhr sofort konsumierter Güter (zum Beispiel Lebensmittel) gedient oder längst in irgendwelchen Werten sich niedergeschlagen hatten, die sich nicht mehr in Geld zurückverwandeln ließen, da Käufer für diese Riesenwerte nicht vorhanden sind. Infolgedessen versuchten alle Schuldnerländer, zunächst in Forderungen, die sie an andere Länder hatten (Devisen), und als diese sich erschöpften, letzten Endes in Gold zu zahlen, und dies war ganz natürlich, denn Gold und Geld waren ja immer gleichgesetzt worden. Aber nun zeigte es sich, daß diese Gleichsetzung eine große Fiktion war. Denn man kann Geld nicht gleichzeitig in der Ware Gold und in anderen Dingen anlegen. Es ist immer nur eins von beiden möglich. Es ist weiterhin klar, daß die Gelder, die im Kreditverkehr von einem zum anderen Lande geflossen waren, ihren Ursprung aus einer gewaltigen wirtschaftlichen Tätigkeit in aller Welt hergenommen hatten, daß infolgedessen diese Gesamtsumme weltwirtschaftlicher Tätigkeit schon längst weit über den Wert aller Goldvorräte der Welt hinausgewachsen war. Ganz abgesehen davon also, daß die im internationalen Verkehr bar oder in der Form von Anleihen oder Wertpapierkäufen ausgeliehenen Gelder schon lange verbraucht, nie wieder in der Form von Geld reproduzierbar, also auch nicht zum Erwerb anderer Werte, zum Beispiel von Gold, vorhanden waren, könnten selbst die Goldvorräte der ganzen Welt zu einer Rückzahlung der ausgeliehenen und verbrauchten Gelder nicht ausreichen. Es heißt also die Tatbestände auf den Kopf stellen, wenn eine wissenschaftliche Theorie behauptet, daß die Weltwirtschaftskrise ihren Ursprung nur darin habe, daß die Goldproduktion hinter dem Bedarf der Welt an Gold zurückgeblieben sei. Ebenso abwegig ist es, die Krise mit einer falschen Verteilung der Goldvorräte oder mit einem mangelnden „Weltvertrauen" erklären zu wollen. Vielmehr haben die Ereignisse der letzten Zeit nur eins erwiesen: sie haben durch die Aufdeckung des Wahnsinns, der in der immer systematischeren und uferloseren Ausbildung des Kreditwesens in der Weltwirtschaft liegt, dieses ganze System ad absurdum geführt.

Der Ruf nach fehlendem „Kapital", der in den tributpflichtigen Ländern erschallt, ist durchaus berechtigt. Ganz irrtümlich aber ist der Ruf nach Geld und die Überzeugung, daß nur dieses und eine allgemeine Wiederherstellung des Vertrauens fehle, um alle Schäden der heimischen wie der Weltwirtschaft zu heilen und beide erneut in Gang zu bringen. Geld ist und wird immer nur bleiben können eine Folge vorangegangener wirtschaftlicher Tätigkeit (Leistung); nie aber ist und kann es ein Ursprung sein. Wenn jetzt nach Geld gerufen wird, wird in Wahrheit Kredit gemeint. Welche Gefahren aber in einer hemmungslosen Gewährung von Kredit liegen, dürfte jetzt nicht mehr zweifelhaft sein.

Was für Auswege zeigen sich aus dieser Krise? Ehe versucht werden kann, diese Frage zu beantworten, muß noch auf einige Begleiterscheinungen der in so katastrophaler Weise offenbar gewordenen internationalen Kreditüberwucherung eingegangen werden. Dieses System zunehmender allgemeiner Kreditverflechtung hat im Verlaufe seiner allmählichen Entwicklung und Überspannung dahin geführt, das Risiko, das in jeder Hergabe von Kredit liegt und bereits mehrfach dahin gekennzeichnet worden ist, daß Kredit eine Anerkennung vorweggenommener Leistungen ist, auf immer breitere Schultern derart abzuwälzen, daß immer größere Teile der Bevölkerung in den in das Kreditsystem verflochtenen Ländern in unerträglicher Weise in dieses selbst hineingezogen worden sind. Zugleich hat das Kreditsystem das Geld der Bevölkerungen zum Teil gegen deren eigene Lebensarbeit wirken lassen. Ganz offenkundig wird dieser ebenso erstaunliche wie befremdliche Zusammenhang, wenn man sich klar macht, daß auf den vielfach verschlungenen Wegen der Geld- und Kreditvermittelung zum Beispiel Spargelder handwerklicher Kreise zur Errichtung von heimischen und ausländischen Konkurrenzfabriken beigetragen haben können, Einlagen von Einzelkaufleuten zur Begründung oder finanziellen Unterstützung von Warenhäusern und die Gelder bäuerlicher Kreise vielleicht sogar zur Erschließung ausländischer Agrargebiete, die infolge ihrer größeren Fruchtbarkeit und der gleichzeitigen Möglichkeit der Anwendung und Einsetzung gewaltiger technischer Produktionsmittel so billige Agrarprodukte herzustellen fähig wurden, daß dadurch die heimische landwirtschaftliche Produktion vollständig entwertet wurde. Auf diesem Wege hat die in ihren Anfängen mit Recht als Fortschritt gepriesene Arbeitsteilung durch internationale Ausweitung in vielen Volkswirtschaften zu einer Störung, ja Zerstörung großer Teile der heimischen Wirtschaft geführt. Möglich geworden ist dies alles aber nur dadurch, daß nicht genügend darauf geachtet worden ist, daß der Freizügigkeit des Menschen selbst Grenzen gesetzt sind, da nicht ganze Völker oder wesentliche Teile derselben ihren Standort und ihre wirtschaftliche Tätigkeit beliebig verändern können.

Man wird die ganzen Zusammenhänge, die zu der gegenwärtigen Lage geführt haben, nur dann richtig beurteilen können, wenn man die treibenden Grundkräfte erkennt, die sie geschaffen haben. Es ist schon mehrfach von den großen Entwicklungsströmen gesprochen worden, die seit einiger Zeit am Werke sind. Es enthüllt sich jetzt, daß sie ihren Urgrund darin haben, daß die abendländische Menschheit, die die Schöpferin des modernen Geld- und Kreditsystems gewesen ist, seit dem hohen Mittelalter eine Richtung eingeschlagen hat, die kurz zu kennzeichnen ist als eine innere und äußere Auflösung. Seit jener Zeit hat sich im abendländischen Menschen der Individualismus zu entwickeln begonnen, eine Veränderung des Lebensgefühls und der geistigen Haltung, die sich besonders seit der Epoche der Renaissance immer mehr vertieft und durchgesetzt hat. Dieser allmählich, aber ständig zunehmende Individualismus hat alle Lebensbindungen metaphysischer wie physischer Art immer stärker durchdrungen und damit die äußeren Lebens- und Gesellschaftsformen, die Ausdruck jener ursprünglichen Bindungen waren, zersetzt. Nur auf dem Untergrunde dieser innerlichen und äußerlichen Auf- und Loslösung konnte jenes System des Geldes und Kredits erwachsen, das sich nunmehr als der vollendete Ausdruck eines durch nichts gehemmten und durch nichts gehemmt werden wollenden Dranges absoluter Ungebundenheit darstellt. Ein solches Lebenssystem muß aber notgedrungen zu gänzlicher Auflösung führen. Hier liegt der Schlüssel zum Verständnis der Gegenwart und zur Erkenntnis der wahren Gründe der Weltwirtschaftskrise. Und nur von hier aus wird ein Weg gefunden werden können, um das Leben der Völker und damit die Wirtschaft wieder heilen zu können. Dieser Ausweg heißt Selbstbesinnung auf die inneren und äußeren Grenzen des Menschen. Nur sie kann aus dem Nebel herausführen, der heute den Ausblick hemmt. Was bedeutet dies in bezug auf die hier behandelten Themen: Geld, Kredit und Wirtschaft?

Das Geld darf gemäß seinem Charakter und seiner Funktion nur auf Grund einer Geldschöpfung entstehen, die für eine fortlaufende Geldvernichtung sorgt und ganz rein zum Ausdruck bringt, daß Geld seinen Ursprung nur in einer Leistung hat und haben kann, die von irgendeiner Seite innerhalb einer Volkswirtschaft für diese geleistet worden ist und von dieser als brauchbare Leistung anerkannt wird.

Der Kredit in seinem gegenwärtigen Umfang und Unwesen muß allmählich abgebaut und in Zukunft wieder auf seine ursprüngliche Form zurückgebracht werden. Kredit darf nur dann gegeben werden, wenn diejenigen, die ihre Leistungsansprüche vorübergehend an andere abtreten, genau wissen, was sie damit tun, und daß sie das Risiko laufen, die von ihnen erworbenen Ansprüche auf fremde Leistungen unter Umständen ganz oder teilweise zu verlieren. Diese Umbildung soll aber weniger ein Rückwärtsdrehen der Entwicklung sein als ein Bewußtmachen, wie ausdrücklich bemerkt sei, da in einer auf Arbeitsteilung beruhenden vielgestaltigen Volkswirtschaft des Kredits schlechterdings nicht entbehrt werden kann.

Die Weltwirtschaft wird nur auf dem Umwege über die einzelnen Volkswirtschaften geheilt werden können. Unter ihnen werden diejenigen, die unter einer übermäßigen Entwertung ihrer Produktion und der Vernichtung ihrer Kapitalkraft leiden, auf mühsamem und entbehrungsreichem Wege aus eigener Kraft im Rahmen der Möglichkeiten des eigenen Lebensraumes und Bedarfs Arbeit für die feiernden Hände schaffen, die verloren gegangenen Betriebsmittel allmählich wieder ersetzen und die Inanspruchnahme fremden Kredits abbauen müssen. Zugleich und in Verbindung damit werden sie die eigene Wirtschaft aus der unheilvollen übermäßigen Verflechtung mit der Weltwirtschaft allmählich herauslösen und bis zu einem solchen Grade in sich unabhängig und stark machen müssen, daß der Rest weltwirtschaftlicher Arbeitsteilung, der zur Aufrechterhaltung des gegenwärtigen Standes ihrer eigenen Wirtschaft durchaus nicht zu entbehren und sogar zu begrüßen ist, unbedenklich ertragen werden kann. Die Konsequenzen, die sich hieraus für die anderen Volkswirtschaften ergeben, sind klar. Diese in erster Linie binnenwirtschaftlich gerichtete Wirtschaftsführung soll keine unbedingte Rückkehr zu einem Neo-Merkantilismus sein, sondern sie soll zum Ausdruck bringen, daß jedes Übermaß nach der einen wie nach der anderen Seite schädlich ist. Das Ziel ist: die Errichtung einer jeweilig in sich organisch aufgebauten, für die einzelnen Volkswirtschaften allerdings nur unter verschieden bestimmten Einschränkungen erreichbaren wirtschaftlichen Freiheit der einzelnen Völker statt einer rein mechanisch erstrebten, grenzenlosen weltwirtschaftlichen Freizügigkeit, die sich als eine verhängnisvolle Täuschung erwiesen und als unmöglich herausgestellt hat.

Die Richtung des Weges aus der Krise ist damit gekennzeichnet. Auch er wird gelegentlich und unvermeidlich in Um- und Irrwegen abschweifen, denn Irren ist menschlich.

Printed by Libri Plureos GmbH
in Hamburg, Germany